Quelle Histoire

Édition et conception : Quelle Histoire SAS. 22, Villa de Lourcine 75014 Paris
Illustrations : Bruno Wennagel, Mathieu Ferret, Guillaume Biasse,
Sophie D'Hénin, Vittoria Macioci, Mélanie Ayusawa
Textes : Clémentine V. Baron

Siège social : 22, Villa de Lourcine 75014 Paris

www.quellehistoire.com
contact@quellehistoire.fr

Fabriqué par Labelfab, www.labelfab.fr
Achevé d'imprimer en France par Pollina (85) - 80644

Dépôt légal juin 2017

Loi n°49-956 du 16 juillet 1949
sur les publications destinées à la jeunesse

LES ROIS DE FRANCE

CARNET

Être roi de France ce n'est pas rien ! Ce titre prestigieux se transmet au descendant mâle le plus proche (très souvent le fils aîné) – les femmes étant écartées du trône par la loi salique – ce qui permet de former de longues dynasties. Par leurs actions ou leur caractère, les souverains ont influencé l'histoire de la France. Tu vas tout savoir…

SOMMAIRE

Les rois mérovingiens .... p. 14

Les rois carolingiens .... p. 32

Les rois robertiens .... p. 40

Les rois capétiens .... p. 47

Les rois valois .... p. 62

Les rois bourbons .... p. 75

LES MÉROVINGIENS

La fin de l'Empire romain est marquée par une longue période d'instabilité. De nombreux peuples barbares déferlent sur la Gaule. Parmi eux, les Francs vont petit à petit s'imposer sur le territoire correspondant à la France actuelle. La dynastie mérovingienne tire son nom de Mérovée, l'ancêtre de Clovis, le premier grand roi franc qui convertit son peuple au christianisme.

LES CAROLINGIENS

Les derniers souverains mérovingiens sont faibles et se laissent peu à peu dominer par de puissantes familles du royaume. Ce sont les Carolingiens qui parviennent à s'emparer du pouvoir. Ils étendent considérablement les frontières du royaume, qui englobe alors la France actuelle, la Belgique, les Pays-Bas, ainsi qu'une partie de l'Allemagne, de l'Italie et de l'Espagne.

LES ROBERTIENS

À la fin de la période carolingienne, plusieurs rois vont connaître des règnes difficiles, notamment à cause des raids vikings. Une famille noble de Neustrie va progressivement affirmer sa position auprès des souverains et va régner à travers eux : les Robertiens. Trois parviennent même à s'emparer du trône : Eudes, Robert et le célèbre Hugues Capet.

LES CAPÉTIENS

Hugues Capet, qui appartient à la famille des Robertiens, va donner naissance à une nouvelle dynastie, celle des Capétiens. Cette lignée de rois puissants va régner sur le royaume de France de 987 à 1328 ! Elle va étendre son influence en Europe… Parmi les souverains capétiens, Philippe Auguste ou encore Saint Louis restent célèbres.

LES VALOIS

Lorsque la lignée des Capétiens s'éteint, faute d'héritiers mâles directs, on place sur le trône de France un cousin germain, Philippe VI, comte de Valois. Son titre donne son nom à une nouvelle dynastie : les Valois. Cette branche dérivée des Capétiens va gouverner plusieurs siècles, se confrontant à la guerre de Cent Ans et aux guerres de Religion.

LES BOURBONS

La lignée des Valois s'éteint et cède sa place à celle des Bourbons, qui descend elle aussi des Capétiens. C'est alors l'apogée de rois d'un genre nouveau : des monarques absolus, dont le plus bel exemple est Louis XIV, le « Roi-Soleil ». Les Bourbons gouvernent jusqu'à la Révolution, puis reviennent au pouvoir quelque temps avant de perdre le trône définitivement.

Clovis Ier, dit le Grand

v.466-511

Considéré comme le premier roi des Francs, Clovis fonde la dynastie des Mérovingiens. Après la victorieuse bataille de Tolbiac, il se convertit au christianisme et se fait baptiser. Grâce à ses conquêtes, il est à la tête d'un royaume immense et prospère, que ses quatre fils se partagent à sa mort.

ÉPOUSE	RÈGNE	A VÉCU
Clotilde de Burgondie	*481-511*	*45 ans*

Clodomir

495-524

Héritier du royaume d'Orléans à la mort de son père Clovis, il passe sa vie à gérer ses affaires et à guerroyer. Plusieurs fois, il combat les Burgondes, un peuple voisin. Malgré l'aide de ses frères, Clodomir ne parvient pas vaincre ses ennemis et meurt lors de la bataille de Vézeronce.

ÉPOUSE	RÈGNE	A VÉCU
Gondioque	*511-524*	*29 ans*

Clotaire Ier, le Vieux

497-561

Le plus jeune fils de Clovis a reçu en héritage une petite partie du royaume... Mais grâce à sa ruse et ses talents guerriers, il parvient à s'approprier les terres de ses frères et impose l'autorité franque à ses ennemis. À sa mort, le royaume est partagé entre ses quatre fils.

ÉPOUSES	RÈGNE	A VÉCU
Ingonde, Gondioque, Arégonde, Radegonde	*511-561*	*64 ans*

Caribert Ier

v. 520-567

À la mort de Clotaire Ier, son fils aîné reçoit la plus grande partie du royaume, dont la capitale est Paris. Érudit, il s'intéresse au droit, mais pour sa part, il n'aime pas beaucoup suivre les règles... Menant une vie dissolue, il finit par être « excommunié », chassé de l'Église.

ÉPOUSES
Ingoberge, Méroflède, Marcowefa, Théodechilde

RÈGNE
561-567

A VÉCU
47 ans

Sigebert Ier

535-575

Fils de Clotaire Ier, Sigebert reçoit en partage l'Austrasie. Il agrandit progressivement son territoire et mène une guerre acharnée contre son demi-frère Chilpéric Ier, jusqu'à s'emparer de son royaume, la Neustrie. Il ne profite guère de sa victoire puisqu'il est assassiné.

ÉPOUSE	RÈGNE	A VÉCU
Brunehaut	*561-575*	*40 ans*

Chilpéric Ier

539-584

Les fils de Clotaire Ier, Sigebert et Chilpéric, sont connus pour avoir déclenché une guerre terrible entre leurs deux parts du royaume, la Neustrie et l'Austrasie. Après l'assassinat de Sigebert, Chilpéric prend le pouvoir une dizaine d'années avant d'être assassiné à son tour !

ÉPOUSES
Audovère, Galswinthe, Frédégonde

RÈGNE
561-584

A VÉCU
45 ans

Clotaire II, dit le Jeune

584-629

Fils de Chilpéric Ier et de la terrible Frédégonde, il devient roi à la mort de son père alors qu'il est encore bébé ! Son jeune âge attise les convoitises et Clotaire II perd presque tout son territoire, avant de le reconquérir petit à petit. En 613, il a réunifié le royaume des Francs.

ÉPOUSES
Haldetrude, Bertrude, Sichilde

RÈGNE
584-629

A VÉCU
45 ans

Dagobert Ier

v.604-639

Véritable force de la nature, Dagobert sait se faire respecter. Il impose son autorité dans son royaume, mais aussi à l'étranger ! C'est un homme juste et pieux, qui encourage la construction d'églises, comme celle de Saint-Denis. Il est considéré comme l'un des grands rois mérovingiens.

ÉPOUSES
Gomatrude, Nantilde, Wulféconde

RÈGNE
629-639

A VÉCU
35 ans

Clovis II, dit le Fainéant

635-657

Le fils de Dagobert Ier n'a que 4 ans à la mort de son père. Trop jeune pour régner, sa mère Nantilde assure la régence. En âge de gouverner, il ne fait pas grand-chose de concret, d'où son surnom de fainéant (fait-néant). Il meurt à 22 ans, laissant le royaume à ses trois fils.

ÉPOUSE	RÈGNE	A VÉCU
Bathilde	*639-657*	*22 ans*

Clotaire III

v.652-673

Clotaire accède au trône de Neustrie et de Bourgogne très tôt : il n'a que 5 ans quand son père, Clovis II, meurt. Sa mère, Bathilde, assure la régence, avant que le maire du palais usurpe l'autorité du roi. Clotaire meurt jeune, sans descendance. Son frère, Thierry III, lui succède.

ÉPOUSE	RÈGNE	A VÉCU
Aucune	*657-673*	*21 ans*

Childéric II

v.655-675

Childéric, le frère de Clotaire III et de Thierry III, devient roi d'Austrasie à la mort de son père, Clovis II. Grâce à un complot contre son frère cadet, il réussit à régner sur l'ensemble du royaume franc. Malheureusement, à la fin de sa vie, il sera victime d'un complot à son tour !

ÉPOUSE	RÈGNE	A VÉCU
Bilichilde	*662-675*	*20 ans*

Thierry III

v.656-691

Après la mort de son frère Clotaire III, Thierry accède au trône de Neustrie et de Bourgogne. Mais il en est chassé par son autre frère, Childéric II. Il reprend le pouvoir à la mort de ce dernier et règne sur le royaume franc réunifié, sous l'influence du maire du palais Pépin de Herstal.

ÉPOUSE
Clotilde

RÈGNE
673-691

A VÉCU
35 ans

Clovis III

670-?

Fils prétendu de Clotaire III, c'est en réalité un imposteur placé sur le trône d'Austrasie à l'âge de 5 ans par le maire du palais, Ébroïn. Le complot ne fonctionne pas et Clovis III est rapidement chassé. On ne sait rien du reste de sa vie, ni même la date de sa mort.

ÉPOUSE	RÈGNE	A VÉCU
Aucune	*675-676*	*Inconnu*

Childebert IV, dit le Juste

v.683-711

Fils de Thierry III, il accède au trône au moment où Pépin de Herstal, le puissant maire du palais, s'est emparé du pouvoir. Sous l'influence de ce dernier, Childebert ne gouverne pas vraiment son royaume, même s'il laisse le souvenir d'un roi juste et bon.

ÉPOUSE	RÈGNE	A VÉCU
Edonne	*695-711*	*28 ans*

Dagobert III

v. 699-715

Le fils de Childebert IV lui succède à sa mort, mais comme son père, il est bridé par l'autorité du maire du palais Pépin de Herstal. Quand ce dernier meurt en 714, il reprend les rênes du pouvoir pour une courte période avant de mourir à son tour d'une maladie.

ÉPOUSE	RÈGNE	A VÉCU
Aucune	*711-715*	*16 ans*

Chilpéric II

v. 670-721

Chilpéric II serait le fils de Childéric II. Après des années passées dans un monastère, il est couronné roi de Neustrie, mais il est vite vaincu par le maire du palais Charles Martel. Quelque temps plus tard, ce dernier le proclame roi de tous les Francs, avec l'intention de gouverner à travers lui.

ÉPOUSE	RÈGNE	A VÉCU
Aucune	*715-721*	*51 ans*

Thierry IV

v.713-737

À la mort de Chilpéric II, Charles Martel place Thierry IV sur le trône des Francs. Fils de Dagobert III, le nouveau roi mérovingien subit le même sort que ses prédécesseurs, il n'a pas gouverné puisqu'il était sous l'autorité totale de Charles Martel.

ÉPOUSE	RÈGNE	A VÉCU
Chrotrudis	*721-737*	*24 ans*

Childéric III

v.714-755

Il serait le dernier roi mérovingien. Cependant, on n'est pas sûr qu'il soit un descendant de Mérovée... De toute façon, à son époque, cela n'a plus grande importance puisque les maires du palais ont définitivement pris le pouvoir et ont enfermé Childéric dans un monastère.

ÉPOUSE
Gisèle

RÈGNE
743-751

A VÉCU
41 ans

Pépin III, dit le Bref

714-768

Pépin et Carloman, les fils de Charles Martel, deviennent maires du palais à la mort de leur père. Quand Carloman rentre dans les ordres, Pépin gouverne seul. Il fait la guerre aux Lombards, récupère l'Aquitaine et noue des liens solides avec le pape, qui le sacre.

ÉPOUSE	RÈGNE	A VÉCU
Bertrade de Laon	*751-768*	*54 ans*

Charles Ier, dit Charlemagne

v.742-814

Ses campagnes contre les Lombards, les musulmans, les Saxons, lui donnent la réputation d'être un roi guerrier. Très puissant, il se fait sacrer empereur d'Occident en 800 et fait construire un magnifique palais à Aix-la-Chapelle. Il prend soin de son peuple en veillant à son instruction.

ÉPOUSES
Himiltrude, Désirée, Hildegarde, Fastrade, Luitgarde

RÈGNE
768-814

A VÉCU
72 ans

Louis Ier, dit le Pieux

778-840

Fils de Charlemagne, Louis Ier est sacré empereur d'Occident à la suite de son père. Il réforme l'empire et l'Église, mais rencontre quelques problèmes : des raids vikings et surtout des querelles entre ses fils. Ces derniers, jaloux les uns des autres, se disputent et finissent par se liguer contre lui !

ÉPOUSES	RÈGNE	A VÉCU
Ermengarde de Hesbaye, Judith de Bavière	*814-840*	*62 ans*

Charles II, dit le Chauve

823-877

À la mort de Louis Ier, l'empire est partagé entre ses fils. Charles, qui a la réputation d'être un intellectuel, reçoit la Francie occidentale. Il fait la guerre aux Bretons et affronte les Vikings. Il regagne progressivement les territoires de l'est, jusqu'à être sacré empereur d'Occident en 875.

ÉPOUSES
Ermentrude d'Orléans, Richilde d'Ardennes

RÈGNE
843-877

A VÉCU
54 ans

Louis II, dit le Bègue

846-879

Le fils de Charles II est sacré rois des Francs en 877. Mais le pauvre Louis souffre d'un fort bégaiement qui l'empêche d'affirmer son autorité, il est ainsi faible devant les grands seigneurs. Sa santé est très fragile et il meurt en 879, après seulement deux ans de règne.

ÉPOUSES	RÈGNE	A VÉCU
Ansgarde de Bourgogne, Adélaïde de Frioul	*877-879*	*32 ans*

Louis III

v. 863-882

Il est le fils de Louis II et d'Ansgarde. À la mort de son père, il hérite de la Neustrie, dont la capitale est Paris. Proche de son frère Carloman II, qui règne sur l'Aquitaine, c'est avec lui qu'il remporte la première victoire contre les Vikings dont les raids en France se multiplient.

ÉPOUSE	RÈGNE	A VÉCU
Aucune	*879-882*	*19 ans*

Carloman II

v. 867-884

Le petit frère de Louis III reçoit l'Aquitaine et une partie de la Bourgogne en héritage. Quand Louis meurt d'une chute de cheval à 19 ans, Carloman devient le seul roi des Francs occidentaux. Il obtient le départ des envahisseurs vikings en leur versant une importante somme d'argent.

ÉPOUSE	RÈGNE	A VÉCU
Aucune	*879-884*	*17 ans*

Charles, dit le Gros

839-888

Suite à la mort des deux frères, Louis III et Carloman II, Charles, un cousin, prend la tête de la Francie occidentale. Déjà empereur d'Occident depuis 881, il ne lui manquait que ces territoires. Avec la Francie, il restaure le grand empire de Charlemagne presque à l'identique.

ÉPOUSE	RÈGNE	A VÉCU
Richarde de Souabe	*884-887*	*49 ans*

Eudes

v.860-898

Comte de Paris, descendant des Robertiens, Eudes défend la ville contre les Vikings en 885. L'empereur Charles le Gros est chassé du trône de Francie occidentale, jugé incapable de résister aux envahisseurs. Pour réussir dans cette épreuve, on choisit Eudes qui devient roi des Francs.

ÉPOUSE
Théodérade

RÈGNE
888-898

A VÉCU
38 ans

Charles III, dit le Simple

879-929

Troisième fils de Louis II, Charles était trop jeune pour régner à la mort de ses demi-frères Louis III et Carloman II, il a donc été remplacé par Charles le Gros, puis par Eudes. Il devient roi en 898, signe le traité de paix de Saint-Clair-sur-Epte avec les Vikings en 911 et est chassé du trône en 922...

ÉPOUSES
Frédérune, Edwige de Wessex

RÈGNE
898-922

A VÉCU
50 ans

Robert Ier

v. 865-923

Robert est le frère d'Eudes. Dans les premiers temps, il est fidèle à Charles III, mais il finit par se rebeller contre lui, jusqu'à prendre sa place sur le trône en 922, marquant le retour des Robertiens. Mais son règne tourne court puisqu'il meurt pendant une bataille l'année suivante.

ÉPOUSES	RÈGNE	A VÉCU
Adèle du Maine, Béatrice de Vermandois	*922-923*	*58 ans*

Raoul

v. 890-936

À la mort de Robert Ier, c'est son gendre Raoul, le duc de Bourgogne, qui est placé sur le trône. Pendant son règne, il lutte contre les envahisseurs normands et hongrois, puis il combat Rollon, le célèbre Viking devenu duc de Neustrie (future Normandie).

ÉPOUSE	RÈGNE	A VÉCU
Emma de France	*923-936*	*46 ans*

Louis IV, dit d'Outremer

v. 921-954

Le fils de Charles III grandit en Angleterre (d'où son surnom d'Outremer), à l'abri des révoltes qui font rage en Francie. Il ne récupère le trône qu'à la mort de Raoul en 936, signant le retour des Carolingiens. Il règne une vingtaine d'années avant de mourir d'une chute de cheval.

ÉPOUSE	RÈGNE	A VÉCU
Gerberge de Saxe	*936-954*	*33 ans*

Lothaire IV

941-986

Lothaire est le fils de Louis IV et de Gerberge de Saxe. À la mort de son père, il devient roi des Francs. Pour la première fois, le royaume n'est pas partagé entre les héritiers, mais cédé entièrement à l'aîné. Son règne est marqué par un conflit avec l'Empire germanique.

ÉPOUSE	RÈGNE	A VÉCU
Emma d'Italie	*954-986*	*45 ans*

Louis V, dit le Fainéant

v.967-987

Dernier monarque de la dynastie carolingienne, le fils de Lothaire IV devient roi en 986. Il n'a pas le temps de faire quoi que ce soit (d'où son surnom de fainéant), car il meurt l'année suivante. Puisqu'il n'a pas d'héritier, un nouveau roi doit être élu par les grands seigneurs…

ÉPOUSE	RÈGNE	A VÉCU
Adélaïde d'Anjou	*986-987*	*20 ans*

Hugues Ier, dit Capet

v. 940-996

Hugues Capet, le petit-fils de Robert Ier, devient roi. Pour éviter les querelles de successions, il associe, de son vivant, son fils aîné au trône, créant une nouvelle dynastie : les Capétiens. Il instaure l'usage de l'ancien français. Pour ces raisons, on se souvient de lui, même si son pouvoir était limité.

ÉPOUSE
Adélaïde d'Aquitaine

RÈGNE
987-996

A VÉCU
56 ans

Robert II, dit le Pieux

v.972-1031

Robert II prend la suite de son père, Hugues Capet. Il étend son royaume en s'opposant aux seigneurs trop gourmands et en annexant des terres. Malgré sa piété, il multiplie les mariages, dont un avec sa cousine Berthe, ce qui provoque un conflit avec l'Église.

ÉPOUSES	RÈGNE	A VÉCU
Rozala d'Italie, Berthe de Bourgogne, Constance d'Arles	*996-1031*	*59 ans*

Henri Ier

1008-1060

Également confronté aux revendications des seigneurs, Henri Ier parvient à maintenir la dynastie, mais cède à l'autonomie féodale. En revanche, sa politique étrangère est un succès : il multiplie les rencontres avec ses voisins et épouse Anne, la fille du grand prince de Kiev.

ÉPOUSES	RÈGNE	A VÉCU
Mathilde de Frise, Anne de Kiev	*1031-1060*	*52 ans*

Philippe Ier

1052-1108

Après la régence de sa mère, Philippe prend les rênes du pouvoir et consolide son royaume grâce à des alliances, annexions et réformes. Amoureux d'une jeune femme du nom de Bertrade, il répudie son épouse Berthe, ce qui lui vaut le courroux de l'Église et son excommunication !

ÉPOUSES
Berthe de Hollande, Bertrade de Montfort

RÈGNE
1060-1108

A VÉCU
56 ans

Louis VI, dit le Gros

1081-1137

Issu du premier mariage de Philippe Ier, Louis VI est couronné dans la précipitation pour éviter la revendication du trône par son demi-frère. Accompagné de Suger, l'abbé de Saint-Denis, il affirme le pouvoir royal en Île-de-France et parvient à renforcer l'autorité royale.

ÉPOUSES
Lucienne de Rochefort, Adélaïde de Savoie

RÈGNE
1108-1137

A VÉCU
56 ans

Louis VII, dit le Jeune

1120-1180

Marié à Aliénor d'Aquitaine, ils partent en Orient pour la deuxième croisade. La reine finit par lui préférer Henri Plantagenêt, futur roi d'Angleterre, marquant le début des conflits entre les deux pays. À la suite de son père Louis VI, il renforce son pouvoir sur le domaine royal.

ÉPOUSES	RÈGNE	A VÉCU
Aliénor d'Aquitaine, Constance de Castille, Adèle de Champagne	*1137-1180*	*60 ans*

Philippe II, dit Philippe Auguste

1165-1223

Philippe II est un roi populaire. Considéré comme l'inventeur de la « nation française », il agrandit et réforme le royaume. Son règne est rythmé par la troisième croisade qu'il mène avec Richard Cœur de Lion et par la victoire de Bouvines (1214) où il impose son autorité à ses adversaires.

ÉPOUSES
Isabelle de Hainaut, Ingeburge de Danemark, Agnès de Méranie

RÈGNE
1180-1223

A VÉCU
58 ans

Louis VIII, dit le Lion

1187-1226

Comme ses prédécesseurs, Louis VIII agrandit le royaume. Il s'empare du Poitou et du Languedoc suite à la croisade contre les hérétiques albigeois. Malade, il s'éteint après trois ans de règne. Son fils Louis IX étant trop jeune pour régner, son épouse Blanche de Castille assure la régence.

ÉPOUSE	RÈGNE	A VÉCU
Blanche de Castille	*1223-1226*	*39 ans*

Louis IX, dit Saint Louis

1214-1270

Durant son règne, ce prestigieux monarque capétien apaise les tensions avec l'Angleterre, participe à la septième et à la huitième croisade, réorganise le royaume et fait bâtir des églises gothiques. Très pieux, il est considéré comme un saint et est même canonisé.

ÉPOUSE	RÈGNE	A VÉCU
Marguerite de Provence	*1226-1270*	*56 ans*

Philippe III, dit le Hardi

1245-1285

Philippe III n'a pas la carrure de son père, Louis IX. Très vite, des sarcasmes et des complots naissent au sein de la Cour. Cependant, Philippe continue sa politique de conquêtes territoriales et se lance dans la croisade d'Aragon, qui se solde par un échec.

ÉPOUSES	RÈGNE	A VÉCU
Isabelle d'Aragon, Marie de Brabant	*1270-1285*	*40 ans*

Philippe IV, dit le Bel

1268-1314

Le règne de Philippe IV est un tournant dans l'histoire de France. Il s'écarte des traditions féodales et instaure une administration plus « moderne ». Comme ses réformes sont coûteuses, il lève des impôts et fait arrêter les Templiers, des moines-soldats, dont il s'approprie les richesses.

ÉPOUSE
Jeanne Ire de Navarre

RÈGNE
1285-1314

A VÉCU
46 ans

Louis X, dit le Hutin

1289-1316

Son règne est bref et confronté à de nombreuses révoltes menées par des nobles dans son royaume. À sa mort, il n'a pas d'héritier mâle, mais la reine, Clémence de Hongrie, attend un enfant... S'agit-il d'un garçon ? L'avenir de la dynastie en dépend ! Jean Ier naît...

ÉPOUSES
Marguerite de Bourgogne, Clémence de Hongrie

RÈGNE
1314-1316

A VÉCU
26 ans

Jean Ier, dit le Posthume

1316

Jean Ier a le règne le plus court de l'histoire de France : seulement cinq jours ! En effet, le seul roi à régner dès sa naissance ne vécut que quelques jours... C'est pourquoi on le surnomme ironiquement « le Posthume » ! À sa mort, son oncle hérite de la couronne du pays.

ÉPOUSE	RÈGNE	A VÉCU
Aucune	*1316*	*5 jours*

Philippe V, dit le Long

1293-1322

À la mort de son neveu Jean Ier, il évince Jeanne, l'autre enfant de son frère Louis X, et s'empare de la Couronne. Une fois roi, Philippe V consolide l'œuvre administrative de son père. Quand il meurt, n'ayant que des filles, son jeune frère lui succède.

ÉPOUSE	RÈGNE	A VÉCU
Jeanne II de Bourgogne	*1316-1322*	*29 ans*

Charles IV, dit le Bel

1294-1328

Comme ses frères, Charles IV s'oppose à la noblesse et au clergé. Après l'annulation de son mariage suite au « scandale de la tour de Nesle », une affaire d'adultère, il se remarie deux fois, mais n'obtient pas d'héritier mâle. C'est avec lui que s'arrête la dynastie des Capétiens.

ÉPOUSES
Blanche de Bourgogne, Marie de Luxembourg, Jeanne d'Évreux

RÈGNE
1322-1328

A VÉCU
34 ans

Philippe VI, dit de Valois

1293-1350

Cousin de Charles IV, Philippe VI est le premier roi de la dynastie des Valois. La Couronne est aussi revendiquée par Édouard III d'Angleterre, l'époux de sa cousine Isabelle. Les relations entre les deux pays s'enveniment : c'est le début de la guerre de Cent Ans.

ÉPOUSES	RÈGNE	A VÉCU
Jeanne de Bourgogne, Blanche de Navarre	*1328-1350*	*57 ans*

Jean II, dit le Bon

1319-1364

Jean II est surnommé « le Bon » en raison de sa bravoure au combat et non pour sa bonté. En conflit avec les pays voisins, il est battu à Poitiers, emprisonné en Angleterre puis relâché. Il revient en Angleterre pour se constituer prisonnier à la place de son fils, Charles V.

ÉPOUSES	RÈGNE	A VÉCU
Bonne de Luxembourg, Jeanne de Boulogne	*1350-1364*	*45 ans*

Charles V, dit le Sage

1338-1380

Charles V accède au trône lorsque son père, Jean II, est captif en Angleterre. Avec l'aide de Du Guesclin, il redresse le royaume et lui offre une relative stabilité. Il exprime son goût pour l'art et la culture à travers de nombreux aménagements dans la capitale.

ÉPOUSE	RÈGNE	A VÉCU
Jeanne de Bourbon	*1364-1380*	*42 ans*

Charles VI, dit le Bien-Aimé, puis le Fou

1368-1422

Dès son arrivée sur le trône, Charles VI doit faire face à de nombreuses révoltes. Malheureusement, il sombre peu à peu dans la folie et ses oncles s'emparent du pouvoir. Vulnérable, il est manipulé... Il ira jusqu'à déshériter son propre fils au profit du roi d'Angleterre !

ÉPOUSE	RÈGNE	A VÉCU
Isabeau de Bavière	*1380-1422*	*53 ans*

Charles VII, dit le Victorieux

1403-1461

Au début de son règne, la France est occupée par les Anglais et Charles VII n'est pas reconnu comme roi par la Cour. Avec l'aide de Jeanne d'Arc, à qui il a confié une armée, il délivre Orléans le 8 mai 1429. Il est ensuite sacré à Reims. Avec lui s'achève la guerre de Cent Ans.

ÉPOUSE	RÈGNE	A VÉCU
Marie d'Anjou	*1422-1461*	*58 ans*

Louis XI, dit le Prudent

1423-1483

De nombreux historiens le dépeignent comme un homme cruel, mais Louis XI était aussi un roi moderne. En plus d'avoir agrandi le royaume, il a développé l'économie en créant le service de la poste et en instaurant de nouvelles techniques d'imprimerie.

ÉPOUSES
Marguerite d'Écosse, Charlotte de Savoie

RÈGNE
1461-1483

A VÉCU
60 ans

Charles VIII, dit l'Affable

1470 - 1498

Sacré roi à 13 ans, Charles VIII est d'abord sous la tutelle de sa sœur, Anne de Beaujeu, régente de France. Le roi part en expédition en Italie, où il connaît des victoires. Mais les Italiens rejettent la présence française, ce qui le contraint à abandonner ses conquêtes. Il meurt sans héritier.

ÉPOUSE	RÈGNE	A VÉCU
Anne de Bretagne	*1483-1498*	*28 ans*

Louis XII, dit le Père de son Peuple

1462 - 1515

Louis XII, cousin de Charles VIII, règne pendant une époque de paix et de prospérité. Il part lui aussi à la conquête de l'Italie. En 1500, il est maître de presque tout le pays, mais ses troupes sont vaincues à Naples et plusieurs défaites ruinent ses derniers espoirs. Il ne laisse aucun héritier.

ÉPOUSES
Jeanne de France, Anne de Bretagne, Marie d'Angleterre

RÈGNE
1498-1515

A VÉCU
53 ans

François Ier

1494-1547

Cousin de Louis XII, il hérite du royaume. Son règne est une réussite sur le plan culturel et intellectuel. Il fonde le Collège de France, fait construire des châteaux et protège les artistes. Mais sur le plan politique, des défaites face à Charles Quint, roi d'Espagne, lui font céder des territoires.

ÉPOUSES	RÈGNE	A VÉCU
Claude de France, Éléonore de Habsbourg	*1515-1547*	*52 ans*

Henri II

1519-1559

Henri II, le fils de François Ier, est plus guerrier qu'artiste. Il poursuit la lutte contre les Habsbourgs commencée par son père. Fervent catholique, et poussé par son épouse Catherine de Médicis, il persécute les protestants. C'est le début des guerres de Religion en France.

ÉPOUSE
Catherine de Médicis

RÈGNE
1547-1559

A VÉCU
40 ans

François II

1544-1560

Fils d'Henri II, François II est marié à la reine d'Écosse, Marie Stuart. Il monte sur le trône à 15 ans, mais laisse gouverner les oncles de son épouse, les Guises, qui maintiennent la politique répressive envers les protestants. Il meurt après un an de règne, laissant un pays en guerre civile.

ÉPOUSE	RÈGNE	A VÉCU
Marie Stuart	*1559-1560*	*16 ans*

Charles IX

1550-1574

Le frère de François II devient roi à 10 ans sous la régence de sa mère, Catherine de Médicis. Le pays est alors déchiré par les guerres de Religion. Pour rétablir son autorité, Charles IX laisse faire le massacre de la Saint-Barthélemy où de nombreux chefs protestants sont tués.

ÉPOUSE	RÈGNE	A VÉCU
Élisabeth d'Autriche	*1560-1574*	*24 ans*

Henri III

1551-1589

Henri III est le dernier des Valois. D'abord roi de Pologne, il est sacré roi de France à la mort de son frère Charles IX. Son règne est marqué par la violence des guerres de Religion. Après son assassinat, son lointain cousin hérite du trône… s'il devient catholique.

ÉPOUSE	RÈGNE	A VÉCU
Louise de Lorraine-Vaudémont	*1574-1589*	*38 ans*

Henri IV, dit le Grand

1553-1610

Henry IV crée la dynastie des Bourbons. Il fait beaucoup pour le royaume : il l'agrandit, le modernise en développant l'agriculture et l'industrie, et le pacifie, en signant l'édit de Nantes, qui accorde liberté et protection aux protestants. Il met ainsi fin à 40 ans de guerres de Religion.

ÉPOUSES
Marguerite de Valois, Marie de Médicis

RÈGNE
1589-1610

A VÉCU
57 ans

Louis XIII, dit le Juste

1601-1643

Louis XIII est roi à 9 ans sous la régence de sa mère, Marie de Médicis. Après l'avoir évincée, il gouverne avec l'aide du cardinal Richelieu et accentue la mise en place de la monarchie absolue. Son règne est marqué par la guerre de Trente Ans et le développement d'un empire colonial.

ÉPOUSE	RÈGNE	A VÉCU
Anne d'Autriche	*1610-1643*	*41 ans*

Louis XIV, dit le Roi-Soleil ou le Grand

1638-1715

Durant ses 72 ans de règne, Louis XIV impose fermement la monarchie absolue, construit le château de Versailles, protège les artistes et mène de nombreuses guerres, qui ruinent la France, pourtant très puissante. Aujourd'hui, on se souvient encore du « Roi-Soleil ».

ÉPOUSE
Marie-Thérèse d'Autriche, Madame de Maintenon

RÈGNE
1643-1715

A VÉCU
77 ans

Louis XV, dit le Bien-Aimé

1710 - 1774

Louis XIV a régné si longtemps que c'est son arrière-petit-fils qui hérite du trône ! Louis XV, surnommé « le Bien-Aimé », est pourtant impopulaire à la fin de son règne, à cause de ses défaites militaires et de sa mauvaise réputation... On dit qu'il s'intéresse plus à ses amoureuses qu'à la politique.

ÉPOUSE	RÈGNE	A VÉCU
Marie Leszczynska	*1715-1774*	*64 ans*

Louis XVI

1754 - 1793

Quand Louis XVI accède au trône, le pays est dans un désastre financier. Des révoltes éclatent, mais il n'est pas capable de réformer le pays. Le peuple gronde et attaque la Bastille le 14 juillet 1789, c'est la Révolution ! La Première République proclamée, le roi et la reine sont guillotinés...

ÉPOUSE
Marie-Antoinette

RÈGNE
1774-1792

A VÉCU
38 ans

Louis XVII

1785-1795

Fils de Louis XVI, le dauphin partage le destin tragique de sa famille au moment de la Révolution. Des rumeurs racontent qu'il s'est enfui de la prison où il était enfermé, si bien que des imposteurs prétendront être Louis XVII ! En vérité, le petit garçon est mort au Temple, en 1795.

ÉPOUSE	RÈGNE	A VÉCU
Aucune	*Prétendant au trône de 1793 à 1795*	*10 ans*

Louis XVIII

1755-1824

Le frère de Louis XVI est obligé de fuir durant la Révolution. Après les chutes de Napoléon, il reprend le gouvernement de la France. Il restaure la monarchie en s'efforçant de faire coïncider les principes de l'Ancien Régime avec les nouveaux acquis révolutionnaires.

ÉPOUSE
Marie-Joséphine de Savoie

RÈGNE
1814-1815, 1815-1824

A VÉCU
69 ans

Charles X

1757-1836

Charles X souhaite renouer avec l'ancienne monarchie absolue, privilégiant les nobles et bloquant les tentatives de réformes. En juillet 1830, il renforce son autorité, suspend la liberté de la presse et change la loi électorale. Le peuple se révolte… Charles X est forcé d'abdiquer.

ÉPOUSE	RÈGNE	A VÉCU
Marie-Thérèse de Savoie	*1824-1830*	*79 ans*

Louis-Philippe Ier

1773-1850

Louis-Philippe est le dernier des rois des Français. Il arrive au pouvoir en 1830 après la révolte qui chasse Charles X. Ses prises de position accroissent le mécontentement du peuple et mènent à la Révolution de 1848. Le roi abdique et s'enfuit en Angleterre, où il meurt deux ans plus tard.

ÉPOUSE	RÈGNE	A VÉCU
Marie-Amélie de Bourbon-Siciles	*1830-1848*	*77 ans*

Les carnets

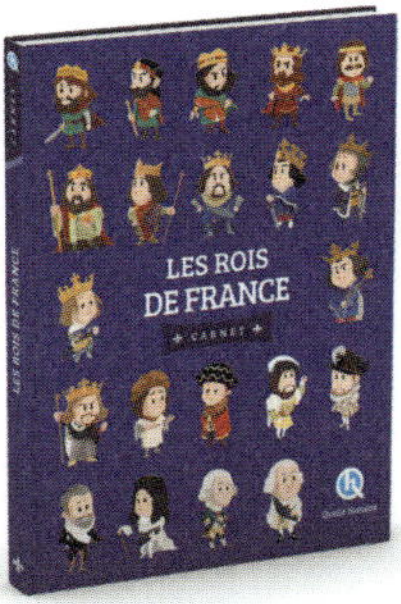

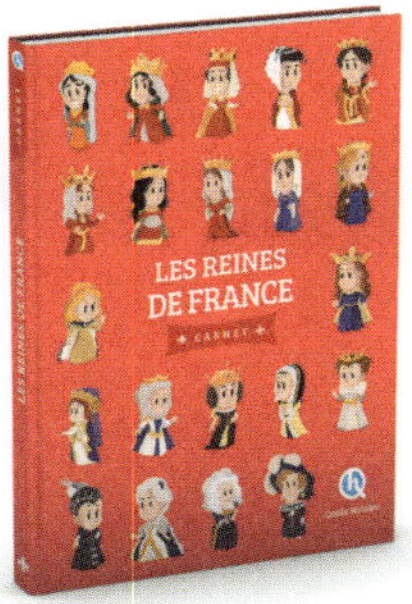

Avec la collection de carnets Quelle Histoire, découvrez les grands personnages d'une thématique : souverains, peintres, scientifiques, footballeurs... Leur portrait, leur vie et leurs œuvres, les enfants sauront tout de ces hommes et femmes qui ont marqué l'histoire !

Les carnets

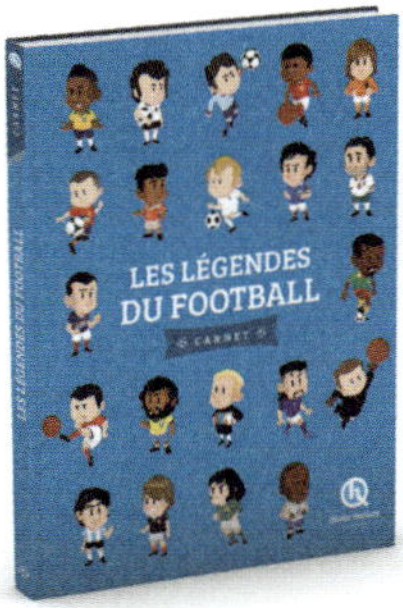

Adapté
aux 6-10 ans

88 pages
de portraits

Un format
de poche

Les beaux livres

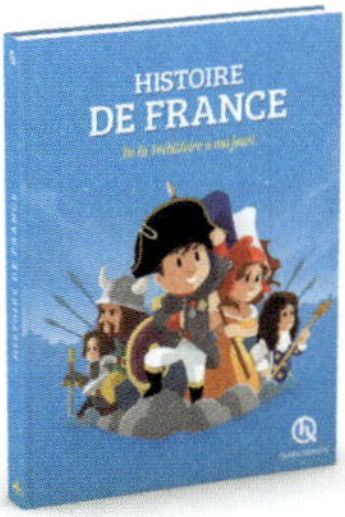

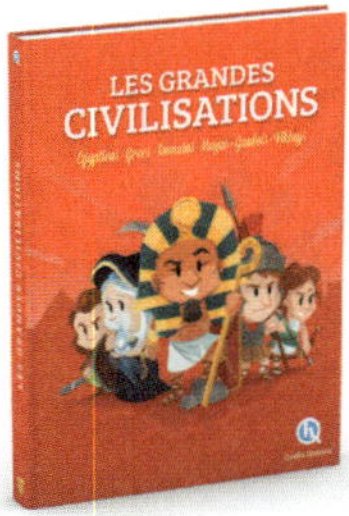

Découvrez la collection de Beaux Livres, les succès de Quelle Histoire adaptés dans un format de qualité. À travers des illustrations, des cartes, des chronologies, des portraits et des jeux, les enfants apprennent tous les aspects d'une thématique !

La collection

Retrouvez toute notre collection sur

www.quellehistoire.com